महशर-ए-ख़याल

Dr Nazia Sheikh

BookLeaf Publishing

India | USA | UK

Presentation by *BookLeaf Publishing*

Web: www.bookleafpub.com

E-mail: info@bookleafpub.com

ISBN:9789360945305

First edition 2024

DEDICATION

मेरी यह क़िताब मैं अपने वाल्दैन के लिए इंतिसाब करती हूँ। वो मेरी ज़िंदगी का एक अहम हिस्सा हैं। आज जिस मुक़ाम पर मैं हूँ, यह उनकी रहनुमाई बगैर और उनकी दी हुई तबियत के बैगैर मुमकिन नहीं होता।

ACKNOWLEDGEMENT

आज जो मुझे यह आप शायरा के रूप में देख रहे हैं, यह बिलकुल मुमकिन नहीं होता अगर मेरे अज़ीज़ दोस्तों ने मेरी हौसला अफ़जाई नहीं की होती। तो उनका नाम लेना और शुक्रिया कहना बनता है। डॉ हर्षा शुक्ला, यशा नंदा और विनीत नायर साहब, आप सभी को तहे दिल से शुक्रिया मेरा ऐजाज़-ए-सुखन से तारुफ़ कराने के लिए।

सूचकांक

मोहब्बत क्या है ?

क्या सुर्ख़ गुलाब दे कर,
इज़हार-ए-मोहब्बत करना ही मोहब्बत है ?

क्यों, उस गुल के साथ आने वाले काँटे नहीं दिखाई
देते?

क्या कीमती तोहफ़ा और प्यार भरे अल्फ़ाज़ से सजाए
हुए गुलदस्ते की पेश-कश करना ही मोहब्बत है?

क्यों एक-दूसरे की आँखों में खो जाना,
और साथ बिताए सुकून के चंद लम्हों में
मोहब्बत नहीं दिखाई देती?

क्या अपने रफ़ीक-ए-हयात की शख़्सियत को
मिटाना ही मोहब्बत है?

क्यों एतमाद का दावा करने वालों के रवैय्ये
में अपने हमराही के लिए एहतेराम नज़र नहीं आता?

क्यों मोहब्बत शबिस्ताँ की दीवारों में सिमट जाती है,
और ज़माने के आगे शर्मिंदा हो जाती है?

क्या इसे ही मोहब्बत कहते हैं?

यह तो कोई इत्तेफ़ाक़ नहीं

अपनी मोहब्बत को यूँ इत्तेफ़ाक़ का नाम तो ना दो,
कहीं वो तुम से ही रुसवा ना हो जाए

हमारा एक दूसरे से उस दिन, उस राह, उस मोड़ पर
टकराना यह इत्तेफ़ाक़ हो सकता है

पर तेरा रोज़ यूँ अपनी बस छोड़ कर मेरी बस मे ही
आना, यह तो कोई इत्तेफ़ाक़ नहीं

अपने मोहल्ले से दूर मेरी गली के नुक्कड़ पर रोज़
शाम को तेरा होना, यह तो कोई इत्तेफ़ाक़ नहीं

मेरी एक झलक पाने के लिए, चाय की दुकान पर
बैठ कर तेरा यूँ मुन्तज़िर होना, यह तो कोई इत्तेफ़ाक़
नहीं

अब इज़हार-ए-मोहब्बत कर भी दो,
हम रूठ गए तो मना नहीं पाओगे

और हम भी कह देंगे, दिल तेरा टूट गया हमसे
यह तो सिर्फ़ एक इत्तेफ़ाक़ की बात है

मैं, ख़ुद में थी

तू साथ था तो मैं, ख़ुद में थी

कोई मुखौटा नहीं था, कोई परदा नहीं था
आईने में दिखने वाले अक्स में भी सिर्फ़ मैं थी

हँसी की उस खनक में भी मैं थी,
आँखों की शरारत में भी सिर्फ़ मैं थी

मेरे रूठने मनाने में भी मैं थी,
आँखों से झलकते आँसू में भी सिर्फ़ मैं थी

तेरे हर ख़्वाबों ख़्वाहिशों में भी मैं थी
तेरी बाँहों की गिरफ़्त में भी सिर्फ मैं थी

तेरी सबाह-बा-ख़ैर में भी मैं थी
तो तेरी शब-बा-ख़ैर में भी सिर्फ मैं थी
तू साथ था मेरे तो मैं, ख़ुद में थी

तू जो रूठा मुझ से, मैंने जैसे ख़ुद का
वजूद ही खो दिया

अब सिर्फ़ तू ही तू है मेरी यादों में,
मैं कहीं नहीं तेरी किसी बातों में

अब सिर्फ़ तू ही तू है मेरी यादों में,
मैं कहीं नहीं तेरी किसी बातों में

बस तुझ जैसी नहीं हुई

ऐसा नहीं की तेरे बाद मोहब्बत नहीं हुई,
बस तुझ जैसी नहीं हुई

हर उस शख़्स में तेरे अक्स को ढूँढा
तुझ जैसा नहीं मिला तो दिल मेरा फिर टूटा

शिद्दत से कोशिश की, कि तेरी यादों को रह-गुज़र
कर नई मोहब्बत का इस्तिक़बाल करूँ

कैफ़ियत तो देखो, तेरी दिल-नशीन के बग़ैर
मेरे दिल का कोई गोशा नहीं मिला

तेरे बाद मोहब्बत तो हुई, बस तुझ जैसी नहीं हुई

राह-ए-हयात

कई क़ाफ़िलें गुज़रें है हमारी राह-ए-हयात से
हम भी गुज़रें है क़ाफ़िला बनकर किसी और के
राह-ए-हयात से

कहीं अपने बनकर मिलें है अनजान लोग,
तो कभी अपने ही लगे अजनबी से

दस्तूर-ए-हयात के सूरत-ए-हाल से हम सभी वाक़िफ़
हैं
फिर क्यों अफ़सुर्दा होना अगर तनहा खड़े हैं हम
राह-ए-हयात पर

फ़क़त ही आए थे हम इस राह-ए-हयात पर
फ़क़त ही जाएँगे हम राह-ए-वफ़ात पर

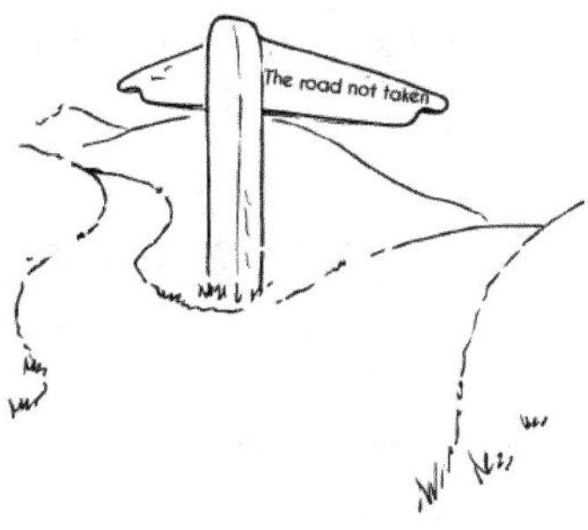

रिश्ते बदलें से

वक़्त के साथ रिश्तों के मायने क्यों बदले से नज़र
आते हैं
आईने में दिखने वाले अक्स क्यों धुंधले से नज़र आते
हैं

जो हुआ करते थे कभी जान से अज़ीज़,
वो रिश्तें क्यों अब बेमान से नज़र आते हैं

यह कौन सा दस्तूर है ज़माने का,
अपनों से बैर और गैरों से एहतेराम निभाते नज़र आते
हैं

क्यों अपने सरपरस्त को वामांदा कर,
मुफ़लिस लोगों की सरपरस्ती करते नज़र आते हैं

क्या नक़्शे-इ-हयात में ऐसा कोई रिश्ता नहीं,
जो क़ाबिल-ए-एतमाद हो, या क़ाबिल-ए-ऐतबार हो

आखिर क्यों वक़्त के साथ ये रिश्तें बदलें से नज़र
आते हैं

ख़ुद-मुख़्तार होना होगा

राह-ए-हयात पर कई मुक्तलिफ़ लोग मिलेंगे,
मुक्तलिफ़ होंगी जिन की शख़्सियत
हर किसी से तुम्हे रूबरू होना होगा

कुछ रहनुमा मिलेंगे, तो कही जाल साज़ मिलेंगे
मुखौटों के पीछे छुपे चेहरों को तुम्हे ख़ुद पढ़ना होगा

किसी से मुलाक़ात मुख़्तसर सी होगी, तो कोई ता उम्र
साथ चलेगा
ख़ुद ही तुम्हें अपने हमराज़ का इंतिखाब करना होगा

गुज़रने वाला हर एक राहगीर तुम्हे एक नया सबक़
सिखाएगा
फिर भी तुम्हें ख़ुद अपनी रहनुमाई कर ख़ुद-मुख़्तार
होना होगा

माँ !!

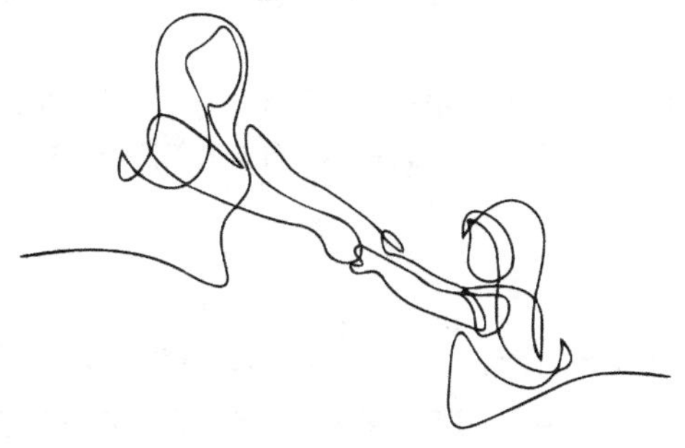

माँ !! सिर्फ एक लफ़्ज़ नहीं, पूरी शख़्सियत है वो

सिर्फ नौ महीनो के लिए अपनी कोख मे महफ़ूज़ नहीं
रखती है हमें वो,
बड़े प्यार से, दुलार से हमारी तरबियत भी करती है वो

हमारी रहनुमाई सिर्फ फ़ौक़ियत नहीं उसकी,
तीमारदारी में हमारे अपनी पूरी उम्र नज़र करती है वो

ख़ुद सोती है वो पानी के घूँट पी कर,
प्यार से आख़िरी लुक्मा भी हमें खिलाती है वो

गलतियों के लिए खूब डाँटती भी है वो,
तो रात मे आँचल ओढ़ाकर सुलाती भी है वो

झुलसती है वो ख़ुद गर्दिश-ए-हदीसात में,
फिर भी हमें देख मुस्कुराती है वो

उम्र का तक़ाज़ा है कि बस अब थक सी गई है वो
ज़िम्मेदारियों के बोझ तले झुक सी गयी है वो

अपने तिफ़ल के बे-हिस रवैय्ये ने मायूस किया उसे,
एक मुख़्तसर से लम्हे में खिज़ा किया उसे

फिर भी कोई गिला, कोई शिकायत नहीं करती है वो
इंतज़ार में अपने तिफ़ल के सिर्फ़ दरवाज़े को तकती है
वो

माँ !! सिर्फ एक लफ्ज़ नहीं, पूरी शख़्सियत है वो

जो ना कर सके एहतेराम अपने वालिदा का,
बड़ा ही बद-बख्त इंसान होगा वो

गुज़रा वह वक़्त !!!

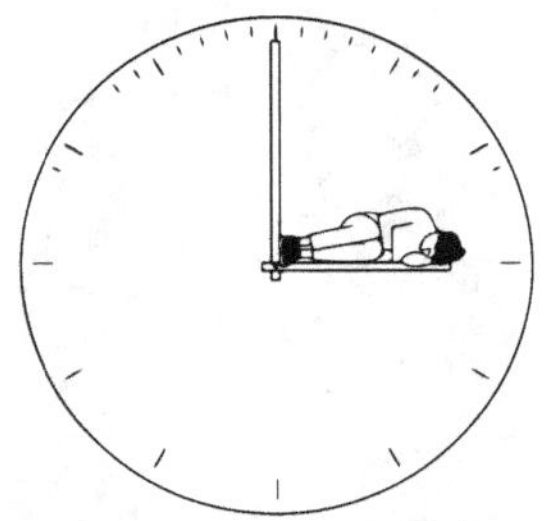

काश ! कि वक़्त के पहियों को मैं पीछे घुमा पाती,
वह गुज़रा हर लम्हा एक बार फिर जी पाती

जहाँ तेरी बाँहों मे खुद को महफ़ूज़ पाया था,
पहली बार किसी को टूट कर जब चाहा था

तेरे साथ वह पहली बारिश का एहसास,
पहली बार अपनी मोहब्बत का जब किया था ऐतराफ़

बिन कहें तेरा यूँ मेरा हाल-ए-दिल पढ़ लेना,
बिन पूछे मेरी उलझनों को यूँ सुलझाना

खफ़ा रहूँ चाहें मैं कितना भी, तेरा यूँ मुझे हँसाना

तेरी आगोश मे आकर सुकून जो था मैंने पाया,
काश वह सुकून एक बार फिर महसूस कर पाती

काश ! कि वक़्त के पहियों को पीछे मैं घुमा पाती,
तो उन गुज़रे लम्हों को एक बार फिर जी पाती

और कितना मुझे रुलाएगी तू ?

ऐ ज़िंदगी और कितना मुझे सताएगी तू,
और कितना मुझे रुलाएगी तू ?

सब कुछ तो कुर्बान कर दिया हमने अपना
राह-ए-हयात पर
छोड़ा हाथ अपने हमराही का, छूट गया साथ
मेरे अपनो का, अज़ीज़ो का

नक़्श-ए-हयात से क्या अब मेरे निशान भी
मिटाएगी तू
ऐ ज़िंदगी और कितना मुझे रुलाएगी तू ?

छीन लिया तूने वो सब कुछ जो मेरे हुक़ूक़ मे था
छीन लिया मेरा एहतेराम,
अपनो पर किया था जो मैंने जो एतमाद

अब क्या मेरा ग़रूर, मेरी ख़ुद-मुख़्तारी,
मेरी खुद्दारी भी छीन जाएगी तू
ऐ ज़िंदगी और कितना मुझे रुलाएगी तू ?

निभाई है हमने सारी रस्म-ए-हयात बड़ी शिद्दत से
अपने सब ख़्वाबों ख़्वाहिशों का भी कर दिया सदक़ा
हमने

अब क्या मुझ से सुकून-ए-क़ल्ब भी छीन जाएगी तू
ऐ ज़िंदगी और कितना मुझे रुलाएगी तू?

राह-ए-वफ़ात से मोड़ ले आई मुझे
साँसें उधार दे कर अपना कर्ज़दार बनाया मुझे
क्या बाकी रह गया है मेरे लिए कोई सज़ा मुक़र्रर होना

और कितना आज़माइशों की तपिश में
मुझे जलाएगी तू?
ऐ ज़िंदगी और कितना मुझे रुलाएगी तू?

दायरें!

ज़िंदगी थम सी गई है, कुछ दायरों में सिमट सी गई है

जब भी कोशिश की हमने पंख फैलाकर उड़ने की,
अनजान बेड़ियों में जकड़ सी गई है

भीड़ में खड़े हैं हम अपनों की, फिर भी तनहा हैं
और दिल मे एक ख़लिश सी रह गई है

लोग कहते हैं आज़माइशों की तपिश से गुज़र कर
सँवरती है ज़िंदगी

फिर क्यों रुसवा होकर मायूसी के अँधेरे मे खो सी
गई है यह ज़िंदगी

मंसूबा !!

आज तेरा मंसूबा मेरी समझ मे आया है ऐ ज़िंदगी

नूर-ए-हयात से नवाज़ा भी तो तूने,
सिर्फ़ आज़माइशों की तपिश मे जलाने के लिए

सरमाया-ए-हयात की हमें कोई ख़्वाहिश नहीं,
बस तनफ़्फ़ुस की इजाज़त चाहिए

तू दे देना चाहे जितनी अज़ीयतें,
हमें तो सिर्फ़ अपने वाल्दैन के आक़िबत मे
साथ रहना का हक़ चाहिए

कर के सारे फ़र्ज़ पूरे, लौटा कर क़र्ज़ सारे
हँसते-हँसते चल पड़ेंगे,

वफ़ात के आने का कोई ख़ौफ़ नहीं, बस
दस्त-ए-ज़माने से थोड़ी मोहलत चाहिए

इख़्तियार

इख़्तियार में होता अगर हमारे तो,
अपने नक़्श-ए-हयात की तस्वीर ख़ुद हम बना लेते

अगर हक़ होता हमें अपने मुस्तक़बिल को सँवारने का,
तो अपनी तक़दीर की लकीरें ख़ुद तराश लेते

किया था जिसने भी हमें यूँ रुसवा,
उन से अपना खामियाज़ा ज़रूर वसूल लेते

इतने शफ़ीक़ तो नहीं है हम, कि इस दिल को
मिली अज़ीयत की उन्हें हम सज़ा भी ना देते

ना ही कोई गफ़ूर हैं हम,जो अपनो के मोहब्बत के
ख़ातिर उनकी हर दिल्लगी को दर किनारा हम कर देते

मोहब्बत की कशिश

देर हो गई! घड़ी के काँटों को देखा मैंने
तेज़ क़दमों से चल पड़ी अपने मुकाम की और

कुछ कदम बढ़े ही थे,
कि एक बुज़ुर्ग खातून को खड़ा पाया मैंने,
बड़ी आस से तकते फूलों की दुकान की और

कदम मेरे रुक कर थम गए,
मोड़ लिया रुख मैंने अपना उनकी ओर

फिर जो खूबसूरत मंज़र नज़र आया,
दिल मेरा जैसे रुक ही गया
होश ही नहीं रहा हमारा अपनी और

हाथों में सुर्ख़ गुलाब लिए लड़खड़ाते क़दमों से,
बढ़ रहे थे एक बुज़ुर्ग शख्स उन खातून की और

क़बूल कर के मोहब्बत की निशानी,
चूम लिया ख़ातून ने झुर्रियों वाले गालों को

उन शख़्स ने भी भर लिया अपनी बाँहों में,
उन ख़ातून को खींच कर अपनी ओर

ताज्जुब से देखती रही मैं उस मोहब्बत के मंज़र को,
उन दोनों की मोहब्बत की कशिश को

एक ख़लिश सी उठी दिल में,
इस दिल में पड़े दर्ज़ ने हकीकत-ए-हाल से रूबरू
करवाया

हमें भी तवक्को हुआ करती थी,
ता-हयात अपने महबूब के साथ निभाने की

उस ने छोड़ा साथ हमारा राह-ए-उल्फ़त के एक मोड़
पर,
फिर मुड़कर भी देखा नहीं दोबारा इस ओर

रहनुमाई

हमारे वालिद साहब ने की कुछ इस तरह रहनुमाई हमारी,
की आज ख़ुद को हमने क़ाबिल-ए-तारीफ़ है बनाया।

उँगली पकड़कर चलना है सिखाया,
तो लड़खड़ाने पर सँभलना भी है सिखाया,
हमें ख़ुद-मुख़्तार है बनाया।

आज भी ज़माने की भीड़ में ख़ुद को जब भी तनहा खड़ा हमने है पाया,
आप की दी सीख़ ने हमें आगे बढ़ना है सिखाया।

जब भी ख़ुद को हमने गर्दिश-ए-हदीसात है पाया,
आपके दिए सबक़ ने शुआ'-ए-उम्मीद बनकर रास्ता है दिखाया।

आपके जाने से जो ख़ालीपन आया है हमारी ज़िंदगी में,
वो किसी सरमाया से भी नहीं है भर पाया।

बज़्म-ए-यारां

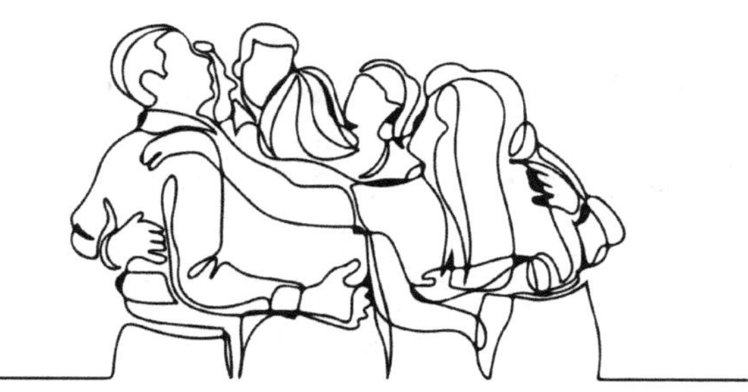

अब इतने बे-हिस्स ना बनो यारों, सिर्फ मुख्तसर
मुलाक़ात नहीं
पाँच सालों से भी लंबा अरसा गुज़ारा था साथ हमने
यारों

दस्तूर कारोबार के तो बहोत निभा लिए तुमने,
अब फ़र्ज़ दोस्ती का भी तुम निभा लो यारों,
अब तो अपने दोस्तों का इंतिखाब तुम करलो यारों

तसव्वुर तो करो उस शाम की यारों जब बज़्म-ए-यारां
होगा
बीती यादों का कारवाँ गुज़रेगा और नई यादों से
शामियाना सजेगा

भूल गए हो शख़्सियत यारों की,
तो एक बार फिर सबसे तारुफ़ तुम कर लेना यारों
भूल कर सब माज़ी की बातें,
एक बार अपने यारा को गले तुम लगा लेना यारों

छोटी सी इस ज़िंदगी में,
नहीं पता कब कोई दोस्त हम से रूठ जाएँ
या हम राह-ए-वफ़ात पर चल पड़े,
और यार हमारे हम से पीछे छूट जाएँ

बस हो गया मसरूफ़ियत का बहाना,
अब तो यारों की महफ़िल में शिरकत तुम कर जाओ
यारों
तवक्को सिर्फ़ एक आख़िरी बज़्म-ए-यारा की है तुम
सबसे यारों

बहुत याद आता है!

बहुत याद आता है तेरी बाहों में आकर महसूस हुआ
वह सुकून

मेरे करीब आने से तेरे दिल की धड़कनो ने सुनाई थी
जो धुन

तेज़ होती वह हमारी साँसें, मुझे अपनी और खींचती
तेरी वो बाहें

नींद के आगोश में भी तेरा मुझे अपनी बाहों में वो
गिरफ़्तार कर लेना

हर सेहर की पहली पहर मेरा माथा चूम कर
सबाह-बा-ख़ैर कह जाना

बहुत याद आता है तेरे साथ बीता हुआ हर वो लम्हा,
वह सुकून और हमारी मोहब्बत का अफ़साना

बहुत याद आता है तू, तेरा मेरी ज़िंदगी में होना, और
तेरे साथ गुज़ारा वो ज़माना

आने वाला नया साल

आने वाला नया साल हर किसी के लिए ख़ास होता है।

कहीं बीतें लम्हों का हमराज़ होता है,
तो कहीं आनेवाले आज़माइशों का आगाज़ करता है।

बीती यादें धुंधली हो ही जाती हैं,
नई यादों को तराशा भी तो जा सकता है।

मुमकिन नहीं है माज़ी का दामन छोड़ देना,
नई उम्मीदों का आँचल थामा तो जा सकता है।

जानते हैं, तेरा अब लौट आना ना-मुमकिन है, फिर भी
तवक्को एक आख़िरी मुलाक़ात की तो की ही जा
सकती है।

उड़ान

इक्कीसवीं शताब्दी में तो पहुँच गए हैं हम,
पर सोच अपनी अब भी वहीं सोलहवीं सदी की रखते हैं
हम

कहने के लिए आज़ादी तो दे दी है अपनी औरतों को,
फिर भी कभी रस्मों-रिवाज़ो के नाम पर, तो कभी
ज़िम्मेदारियों के नाम पर जकड़ लेते हैं हम

खुद्दार बन जाए तो, उस के घमंडी होने का क़यास
करते हैं हम
ख़ुद-मुख़्तार बन जाए तो उसके दामन को ही दाग़दार
करने की कोशिश करते हैं हम

करती है वह भी बारह से सोलह घंटे काम,
फिर भी रात के खाने में गर्म पक्वान ना होने पर तंज़
भी करते हैं हम

झुक जाती है वो, थक जाती है वो
कभी कामकाजी भाग-दौड़ में,
तो कभी रिश्तों की उधेड़-बुन में
फिर भी लापरवाही का, बे-खयाली का इल्ज़ाम उसके
ही नज़र करते हैं हम

इक्कीसवीं शताब्दी में तो पहुँच गए हैं हम,
कहने के लिए औरत को आज़ाद भी मानते हैं हम,
और रिवाज के नाम पर उस की उड़ान को रोक भी देते
हैं हम

फ़र्क़ इश्क़ और मोहब्बत का

मोहब्बत और इश्क़ को एक तराज़ू मे
नहीं तोला जा सकता है
दोनों ही मुक्तलिफ़ मिजाज़ के होते हैं

मोहब्बत सिर्फ़ देना जानती है,
तो इश्क़ सिर्फ़ हासिल करना

मोहब्बत एहतेराम करना जानती है,
तो इश्क़ सिर्फ़ रुस्वा करना

मोहब्बत एतमाद सिखाती है,
तो इश्क़ सिर्फ़ ना क़ाबिल-ए-एतमाद बनाता है

मोहब्बत ऐतबार और सब्र सिखाती है,
इश्क़ हमें सिर्फ़ बे-सब्र बनाता है

मोहब्बत महफ़ूज़ होने का एहसास कराती है,
तो इश्क़ सिर्फ़ ख़ौफ़ ज़्यादा करता है

दिल टूट जाए फिर भी मोहब्बत में अपने
महबूब की आफ़ियत की दुआ माँगी जाती है

तो वही इश्क़ जुनूनीयत की हद पार कर
अपने साथ अपनों को भी फ़ना कर जाता है

सिर्फ़ एक खुसूसियत है इस इश्क़ की,
मोहब्बत एक बार नहीं बार-बार होती है,
तो इश्क़ इस हयात-ए-ख़िज़्र सिर्फ़ एक बार ही होता है

गुज़रा गया एक और साल

गुज़र गया एक और साल, कुछ खट्टी-मीठी यादों के
साथ,
तो कुछ दर्द भरी रातों के साथ

कहीं गुज़रें हुए पलों में हम शर्मिंदा हुए,
तो कहीं अपनों ने हमें अफ़सुर्दा किया

कहीं मुखौटे के पीछे के चेहरें नज़र आए,
तो कहीं चेहरों पर मुखौटे चढ़ते नज़र आए

कुछ लोग मिलें जो क़ाबिल-ए-एहतेराम थे,
तो कुछ लोग ना क़ाबिल-ए-एतमाद निकलें

एक तरफ़ आनेवाले आज़माइशों का ख़ौफ़ था,
तो एक तरफ़ अंजाने रास्तों पर खोने का डर था

दिल ने आवाज़ दी, कहा ख़ौफ़ ना कर मेहज़बीं,
तुझे तो आदत है ज़माने से लड़ने की

आनेवाला यह नया साल भी गुज़र ही जाएगा,
कुछ नई यादों के साथ और कुछ और तनहा रातों के
साथ

सुकून-ए-क़ल्ब

मिलना ही हो मुझ से, तो मेरे ख़यालों में
आकर मुझ से मिल कर जाना

महकाना ही हो मेरे दामन को, तो अपनी
ख़ुशबू से मेरी साँसों को महका जाना

छूना ही हो मुझे, तो अपनी मौजूदगी के
एहसास से मेरे रूह को छू जाना

चूमना ही हो मेरे अधरों को, तो बस अपनी
मुस्कराहट से चूम जाना

देना ही हो अगर कोई तोहफ़ा मुझे, तो मेरे
दिल का सुकून-ए-क़ल्ब तुम कहीं से ले आना

हाँ ख़ुश हूँ मैं!!

क्या ख़ुश हूँ मैं, यह सवाल कुछ पेचीदा सा है

ख़ुशी के मायने क्या हैं, मुक़र्रर दायरें क्या हैं
क्या यह कोई जान सका है

रोज़मर्रा की ज़िंदगी जीना ही ख़ुश होना है तो,
हाँ ख़ुश हूँ मैं

ज़माने के दस्तूर बिन शिकायत निभाना ही ख़ुश होना
है तो,
हाँ ख़ुश हूँ मैं

ग़ैरों की खुशियों में ही शामिल होना ख़ुश होना है तो,
हाँ ख़ुश हूँ मैं

अपने वजूद को मिटाना ही ख़ुश होना है तो,
हाँ ख़ुश हूँ मैं

अपनी ख्वाहिशों को भुलाना ही ख़ुश होना है तो,
हाँ ख़ुश हूँ मैं

बे-जान सी हँसी, पलकों में छुपी नमी, होठों की
ख़ामोशी
अगर यही ख़ुश होना है तो, हाँ ख़ुश हूँ मैं

तनहाई में सिसकना, रातभर करवटें बदलना
अगर यही मायने ख़ुश होने के हैं तो, हाँ ख़ुश हूँ मैं

आज की औरत

हाँ मैं औरत हूँ, मगर मैं आज की औरत हूँ

जीने का फ़न मैंने सीख लिया
जीतने का हुनर भी मैंने हासिल कर लिया
ख़ुद के लिए जीना मैं सीख चुकी हूँ

क्योंकि मैं आज की औरत हूँ

मेरी ख़ामोशी को मेरी कमज़ोरी समझने की गलती
मत करना
वक्त आने पर शेरनी की तरह दहाड़ सकती हूँ मैं
अपने हक़ के लिए आख़िरी साँस तक लड़ भी सकती
हूँ मैं

क्योंकि मैं आज की औरत हूँ

काम-काजी हूँ तो क्या हुआ, अपने घर को बा-ख़ूबी

सँभाल सकती हूँ मैं
बड़े-बुज़ुर्ग की तीमारदारी और अपने तिफ़ल की
रहनुमाई कर सकती हूँ मैं
गर्दिश-ए-हदीसात में अपने रफ़िक-ए-हयात से कंधा
भी जोड़ सकती हूँ मैं

क्योंकि मैं आज की औरत हूँ

खुद्दार हूँ मैं, ख़ुद-मुख़्तार हूँ मैं
अपनी जात का गुरूर हूँ मैं
कर सको एहतराम मेरा तो रूबरू होना
वरना तेरे लिए पोशीदा भी हो सकती हूँ मैं

हाँ मैं औरत हूँ, मगर मैं आज की औरत हूँ

यारी पच्चीस सालों की!

ऐसी वैसी नहीं, यारी है हमारी पच्चीस सालों की।
सिर्फ पाँच सालों की नहीं, ज़िम्मेदारी है यह ता-उम्र
साथ निभाने की।

क्या कुछ नहीं है हमने पाया और खोया उन पाँच
सालों में,
यारों अब मान भी जाओ, बारी है अब गिलें-शिकवें
भुलाने की।

हर कोई ज़िंदगी की तेज़ रफ़्तार में खो सा गया है,
ज़रूरत है हम सबको थोड़ा ठहर जाने की।

उन पाँच सालों को चलो एक बार फिर जीते हैं,
उन लम्हों को यादों की चासनी में घोल कर पीते हैं।

ऐसी वैसी नहीं, यारी है हमारी पच्चीस सालों की।

प्लैटफॉर्म नंबर २

आज भी नहीं भूली मैं प्लैटफॉर्म नंबर २ पर खड़े उस
इंतज़ार को।

मेरी साँसों की और दिल की धड़कनो की उस तेज़
होती रफ़्तार को।
जिस तरह बे-सब्र हो रही थी ये आँखें तेरे दीदार को।

बिना पलकें झपकाए मुझे देखती उस पहली नज़र को,
तेरे रुख़्सार पे जो थी उस प्यार भरी मुस्कराहट को।

तूने जो अपनी मीठी सी आवाज़ में मेरा नाम पुकारा,
एक पल में भूल गयी मैं अपनी हर घबराहट को।

तेज़ रफ़्तार

ज़िंदगी की तेज़ रफ़्तार में कुछ सायें पीछे छूटते नज़र
आए

ग़ौर से देखा तो हम वहीं खड़े थे,
बस अपनों के किरदार बदलते नज़र आए

पूरी उम्र गुज़ार दी हमने रिश्तों की उलझनें सुलझाने
में,
ख़ुद हम अपने वजूद को ख़ाक में मिलाते नज़र आए

पीछे मुड़कर देखा तो, हर कोई थामें अपने हमसफ़र
का हाथ आगे बढ़ता नज़र आया

सिर्फ हम तनहा खड़े रह गए, हमसे तो ख़ुद हमारा
साया भी रूठा हुआ नज़र आया

मुश्किलों भरी रात

कल की रात फिर एक मुश्किलों भरी रात थी,
तेरी यादों ने इस दिल की महफ़िल में की जो शिरकत
थी।

आँखों से झलक रही नमी और सीने में उठ रही
सिसकियों को रोकने की ना-मुमकिन सी फिर एक
कोशिश थी।

हम रात भर करवट बदलते रहे, और नींद ने भी जो
कर लिया हमसे किनारा था।

बिस्तर का वो खालीपन और तेरे ना-मौजूदगी का
एहसास दिल में एक बार ख़लिश सी जगा रहा था।

परवरिश

पापा! आपको हमेशा शिकायत थी मुझसे,
कि आपके दिए सबक़ को मैंने हमेशा रह-गुज़र है कर
दिया

ख़ुद-मुख़्तार बनने की मेरी हर कोशिश को,
आपने मेरी बग़ावत था समझ लिया

आप की नसीहत क़बूल ना करने पर,
उसे मुझसे हुई मुख़ालिफ़त था समझ लिया

मेरी आपसे की तरदीद को आपने मेरी बे-अदबी
समझ लिया,
मेरी हर निज़ा-ए-लफ़्ज़ी को बद-सलूख़ी समझ लिया

यकीं नहीं था मुझ पर, तो कम से कम अपनी
रहनुमाई पर ही आप ऐतबार कर लेते

काश! कि आप यह जान पाते की, आप की दी
परवरिश का एहतेराम हमेशा ही मैंने है किया

दर्द-ए-ग़म-ए-फ़िराक़

आईने में ख़ुद को निहारना मैंने छोड़ दिया,
मुझे सजता-सँवरता देख मुस्कुराता तेरा अक्स नहीं
दिखाई देता है जो अब

अपनी ज़ुल्फ़ों को खुला रखना मैंने छोड़ दिया,
इन ज़ुल्फ़ों को बार-बार मेरे कान के पीछे सँवारती तेरी
उँगलियाँ नहीं होती है जो अब

उन नग़्मों को भी गुन-गुनाना मैंने छोड़ दिया,
जिस में तेरी हँसी की खनक, और कशिश भरी तेरी
आवाज़ सुनाई नहीं देती है जो अब

अपने हथेली पर मेहँदी रचाना भी मैंने छोड़ दिया,
इसकी गहरी सुर्ख़ रंगत भी तेरी मोहब्बत करती रहती
है पैरवी जो अब

नींद की आगोश में भी उस ओर करवट लेना मैंने छोड़
दिया,
जहाँ सिर्फ़ तेरी ना-मौजूदगी का एहसास, और बिस्तर
का खालीपन होता है जो अब

उस शहर, उस राह, उस गली जाना भी मैंने छोड़
दिया,
जहाँ यह मेरी नज़रे हर मोड़ पर सिर्फ़ तुझे ही ढूँढती
रहती हैं जो अब

एक दिन यह नाज़ साँसें लेना भी छोड़ देगी,
हर गुज़रते लम्हें के साथ यह दर्द-ए-ग़म-ए-फ़िराक
ना-क़ाबिल-ए-बरदाश्त हो गया है जो अब

कुछ ख़ुश्क सुर्ख़ गुलाब

तेरे बग़ैर जीना सीख लिया था मैंने,
गोशा-ए-दिल में तेरी यादों को भी दफ़्न कर दिया था
मैंने।

तेरे लिखे वो ख़त, तेरी और हमारी कुछ तस्वीरें, कुछ
ख़ुश्क सुर्ख़ गुलाब
यह सब भी तो छज्जे पर रखी पुरानी अटैची में
नज़रबंद कर दिए थे मैंने

फिर क्यों आज भी यह आँखें नम होती है,
जब भी किसी महफ़िल में ज़िक्र-ए-मोहब्बत होती है।

क्यों मेरी नज़र उस भीड़ में तेरा चेहरा ढूँढती है,
जहाँ कोई हलकी सी पुकार भी तेरे नाम की सुनाई
देती है।

मुशफ़िक इंसान

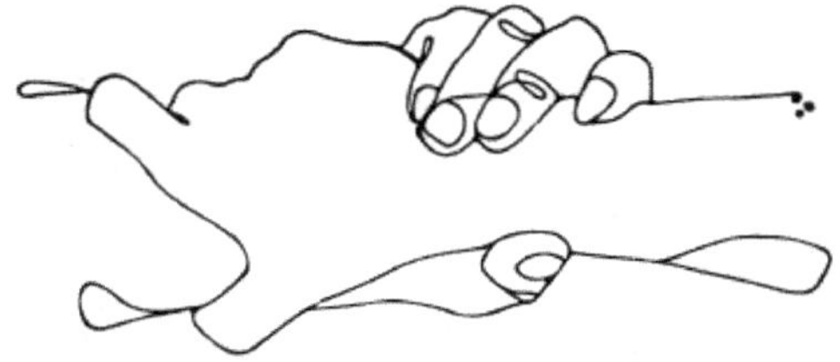

अपने तिफ़ल को मज़हबी राह दिखाना नस्ब की
रिवायत है, तो उन की रहनुमाई करना भी ज़रूरी है।

दस्तूर-ए-ज़माने से त'आरुफ़ करवाने से पहले,
इंसानियत का सबक सिखाना भी ज़रूरी है।

कारोबारी सबक से पहले, किसी मुफ़लिस की
सर-परस्ती का सबक उन्हें सिखाना ज़रूरी है।

बड़े-बुज़ुर्ग के लिए एहतराम और अपने से छोटों के
लिए प्यार सीखना ज़रूरी है।

इंसान तो बोलकर अपनी तकलीफ़ बयाँ करता है,
इन्हें बेज़ुबान के लिए हस्सास कराना ज़रूरी है।

सरमाया तो विरासत में दी जा सकती है, उन्हें
ख़ुद-मुख़्तार बनाना ज़रूरी है।

अपने आख़िरत का एहतमाम करने से पहले हमें उन्हें
मुशफ़िक इंसान बनाना ज़रूरी है।

मुलाकात फ़ुर्क़त की

आज भी याद है वो आख़िरी मुलाकात फ़ुर्क़त की,
टूट गयी जब आख़िरी उम्मीद भी तुझसे मेरा साथ
निभाने की

तड़पती रह गई मैं, एक आख़िरी आस लिए तेरी बांहों
में सिमट जाने की

बे-हिस्स बन अलविदा तो तू कह गया, तस्सवुर भी
ना रहा तुझे जिस तरह सारे ज़माने में हुई रुसवाई मेरी
मोहब्बत की

बस कोशिश करती रह गयी यह नाज़ ता-उम्र इस
ग़म-ए-जानाँ को भुलाने की और अपने टूटे दिल को
सँवारने की

सुबह होली वाली

आ गई देखो सुबह होली वाली, कर रही थी जिस का
बेसब्री से इंतज़ार पूरे साल ये पिचकारियाँ

निकल पड़ी धूम मचाने, देखो यारों की टोलियाँ
तो कहीं सहेलियाँ भी कर रही है अठखेलियाँ

जैसे-जैसे उड़ेगा हवा में यह रंग-बिरंगा गुलाल,
अपने साथ ही उड़ा ले जाएगा सब के दिलों का मलाल

कहीं नन्हें बालकों की होंगी किलकारियाँ, तो कहीं
इश्कबाज़ी करता दिखाई देगा आशिकों का जमावड़ा

बड़े-बुज़ुर्ग भी दिखाई देंगे सुनाते हुए अपने दौर की
कहानियाँ,
जब सुनाई देंगी "बुरा ना मानो होली है" की गूंज हर
नुक्कड़ और गलियाँ

सूरज ढलते-ढलते याद आएगी सब को माँ जो देंगी
प्यार भरी गालियाँ

फिर भी हर कोई दौड़ पड़ेगा अपने घर की ओर,
जब याद आएगा माँ ने तो बनाई थी सुबह मीठी मेवे
वाली गुजिया

बचपन वाली ईद

अब ईद बचपन वाली ईद जैसी नहीं है होती

ना नए कपड़े खरीदने के लिए मेरे वाल्दैन की
जद्दोजहद है होती।
ना हमारी हर ख्वाहिश को पूरा करने के लिए हमारे
वालिद ने की वो जी-तोड़ कोशिश है होती।

अब ईद बचपन वाली ईद जैसी नहीं है होती

कौन कितनी कटोरी शीर खुरमा चट कर जाएगा
उसकी होड़ नहीं है होती।
ईदी किस को कितनी मिली, इस बात पर भाई-बहनो
में लड़ाई अब नहीं है होती।

अब ईद बचपन वाली ईद जैसी नहीं है होती

अब अम्मी का दुलार और प्यार है, पर अब्बू की
दुआओं की बौछार नहीं है होती।
ईदी से भी बेशकीमती हमारे अब्बू की प्यार वाली
झप्पी अब नहीं है होती।

अब ईद बचपन वाली ईद जैसी नहीं है होती

महँगे तोहफ़े के ज़माने में प्यार से दि हुई ईदी की
अहमियत कहीं गुम सी है हो गई।
आज के इस दुनियावी दौर में, मसरूफ़ियत के बहानों
में ईद की वो रौनक कही खो सी है गई।

अब ईद बचपन वाली ईद जैसी नहीं है होती

ज़माने के दस्तूर हम बा-ख़ूबी से निभा लेते है, ईद पर
अपनों के पास लौट जाने की रिवायत हमसे नहीं है
निभाई जाती।

गिले-शिकवें दर-किनार कर अपनों को गले लगाना
भूल गए हैं हम, अब सिर्फ़ अहम के गुरूर में रंजीशे
निभाई हैं जाती।

अब ईद बचपन वाली ईद जैसी नहीं है होती

ख़ामोशी में मायूसी

अब तुझे मेरी ख़ामोशी में मायूसी भी नहीं है नज़र
आती
पेशानी पर उभरी शिकन की जो लकीरें है, क्या तुझे
वो भी नहीं है नज़र आती

मेरी मुस्कुराहट जो कशीदा है, आवाज़ में मेरे जो दर्द
छुपा है
चेहरे पर मेरे दर्द-ए-निहाँ की जो परछाई है, क्या वो
भी तुझे नहीं है नज़र आती

किताब-ए-सुख़न के पन्नो पर जो धुंधले हो गए मेरे
लिखे अल्फ़ाज,
उन लफ़्ज़ों में मेरे आँसुओं की जो झलक दिखाई देती
है, क्या तुझे वो झलक भी नहीं है नज़र आती

क्यों तुझे मेरी झुकी पलकों में छुपी नमी, और मेरे
होठों में दबी सिसकियाँ सुनाई नहीं है देती
क्यों तुझे मेरे दिल-ए-रेज़ा की ख़लिश नहीं है दिखाई
देती

क्यों तुझे हर रोज़ होती मेरे वज़ूद की फ़ौत नहीं है
नज़र आती
तिनका-तिनका कर मिट रही है यह नाज़, क्यों वह भी
तुझे नहीं है नज़र आती, क्यों तुझे बस मैं ही नज़र
नहीं हूँ आती

मौसीक़ी का तोहफ़ा

आज बज़्में-ए-अंजूम का नूर क्यों इतना मध्यम है
क्यों गर्दिश-ए-अफ़्लाक ने मचाया इतना शोर है

महफ़िल-ए-सुख़न में ए कैसी ख़ामोशी है छाई
पूरी कायनात में ये कैसी मायूसी है छाई

इस कायनात-ए-सुख़न ने अपना एक नायाब फ़नकार
है खोया

जिसने यहाँ ख़िज़्र-ए-हयात के लिए हर दिल पर
अपना निशान है छोड़ा

उस ने मौसीक़ी का जो तोहफ़ा है दिया इस कायनात
को

हर वो शख़्स गुन गुनाएगा जिस ने भी महसूस किया
है मोहब्बत के एहसास को

आँख मिचौनी

और कितना आँख मिचौनी खेलेगी मुझसे ऐ ज़िंदगी
तेरा हर मंसूबा वाज़ेह है मुझे ऐ ज़िंदगी

तुझे लगता है दिल्लगी कर सूरत-ए-हाल छुपा लेगी तू
मुझसे
तू क्या जाने आहट अपने वफ़ात की हर पल सुनाई
देती है मुझे

रुख़सत होने से पहले इस दुनिया से, फ़र्ज़ जो रह गए
है अधूरे बस वो निभाने है मुझे
आख़िरत में क्या होगा इस ख़ौफ़ और तजस्सूस में,
अपने आज को हलाका नहीं है करना मुझे

आक़िबत के सफ़र में अकेले ही हमसफ़र होंगे हम यह
तो वाज़ेह है मुझे

हार किसी की भी हो इस आँख-मिचौनी में, हारेंगे तो
हम दोनो ही
यही तो हम दोनो का मुक़द्दर है, यह भी वाज़ेह है ऐ
ज़िंदगी

शुआ'-ए-उम्मीद

कुछ दोस्त ऐसे होते हैं हम सबकी ज़िंदगी में, जो
चुनिंदा होते हैं।

बरसों-बरस उन से ना मिले, या ना बतियाए हो फिर
भी उन को खोने का डर नहीं है होता

उन से रूठना हमारा हक़ होता है, तो उन को मनाना
किसी जद्दोजहद से कम नहीं है होता

बातों में किसी तफ़सीलात, या किसी तकल्लुफ़ की
ज़रूरत नहीं है होती

हर साझा राज़ हमें हमराज़ बनाकर
क़ाबिल-ए-एतमाद है बनाता

एक नज़र ही काफ़ी होती है उसे हमारे दिल-ए-मुज़्तर
का हाल जानने के लिए

वो जो लगा ले प्यार से गले, दिल जैसे पुर-सुकून हो
जाए
शब-ए-दैजूर में शुआ'-ए-उम्मीद नज़र आ जाए

एक नई माँ!

चलो एक नई माँ बनते है!

हम सभी में माँ बनने का हुनर पोशीदा है,
चलो इस हुनर को हम सब एक बार फिर सीखते हैं।

इस बार सिर्फ उँगली पकड़कर चलना नहीं सिखाएंगे,
लड़खड़ाने पर ख़ुद से खड़ा होना भी सिखाएंगे।

प्यार से सिर्फ़ लुक्मा नहीं खिलाएंगे, मुफ़लिस का पेट
भरना भी सिखाएंगे।

सिर्फ़ उनकी तीमारदारी नहीं करेंगे, उनकी रहनुमाई
कर सही राह भी दिखाएंगे।

चलो एक नई माँ बनते हैं!

बेज़ुबान के लिए हस्सास होना सिखाएंगे,
उनकी आवाज़ बनना सिखाएंगे।

ना-इंसाफ़ी से लड़ना सिखाएंगे, ज़रूरतमंद के लिए
आवाज़ बुलंद करना सिखाएंगे।

सिर्फ़ जनाना-मर्दाना का फ़र्क़ नहीं बताएँगे, उन्हें
एक दूसरे का एहतेराम करना सिखाएंगे।

उनके बीच के सिर्फ़ फासलें नहीं समझायेंगे,
उन्हें कंधे से कंधा मिलाकर साथ चलना भी
सिखाएंगे।

चलो एक नई माँ बनते हैं!

उसे सिर्फ़ मज़हब का नहीं, इंसानियत का भी पाठ
पढ़ाएंगे।

कोई भी मज़हब लहू नहीं, एहतेराम माँगता है यह
उसे हम बताएँगे।

उसे ख़ुद-मुख़्तार बनाएंगे, खुद्दार बनाएंगे।

अपने नस्ब का गुरूर बनाएंगे, सिर्फ़ मुखलिस नहीं
शफ़ीक़ भी बनाएंगे।

चलो हम एक नया इंसान बनाते हैं,
हम ख़ुद एक नई शख़्सियत, एक नई माँ बनते हैं

झरोखा

माना कि एक नया मुकाम तुम्हारे लिए मुंतज़र है,
और कर दोगे बंद तुम दरवाज़ा इस मौजूदा कहानी का

उस बंद दरवाज़े में एक झरोखा तुम छोड़ जाना

उस झरोखे से तेरे शफ़ाक़ों ने की, तेरी ख़ैरियति की
दुआ तुझे सुनाई देती रहेगी

बीतें खुशनुमा लम्हों की ख़ुशबू तेरे आज को महकाती
रहेगी

मुड़कर जब भी देखोगे उस और, किसी अपने की
मुस्कराहट तुझे दिखाई देती रहेगी

जब भी मिले वक़्त अपनी मसरूफ़ियत से, उस झरोखे
से किसी अपने को सलाम तुम कर जाना

उस बंद दरवाज़े में एक झरोखा तुम छोड़ जाना

तेरी ख़ामोशी

तेरी इस ख़ामोशी को हम क्या समझें,
तेरी दिल्लगी या तेरी बेरुख़ी

रूठने की वजह बता दो तो मनाने की
कोशिश हम करेंगे
खामोश रहकर तो हमें तुम यूँ रुस्वा ना करो

कोई ख़ता हुई है हमसे तो उसकी सज़ा ही
सुना दो
वादा है तुझसे हम हँसते-हँसते तेरी दी हुई हर
अज़िय्यत सह जाएँगे

उफ्फ़ भी नहीं करेंगे और जब भी बुलाओगे अपने
करीब मुस्कुरा कर तेरी बाँहों में सिमट जाएँगे

मुद्दत सा वक़्त

अगर हमारा वास्ता मुख़्तसर सा होता,
तो कोई शिकायत नहीं होती तुझसे।

मगर हमने एक मुद्दत सा वक़्त साथ गुज़ारा है।

खुश-किस्मत है तू जो तुझे भूलने की आदत है,
हमें तो हर लम्हा, हर पल तेरी यादों ने रुलाया है।

ज़माने ने जब भी उठाए सवाल हमारी मोहब्बत के
हवाले से,
ख़ामोश रहकर हमने सिर्फ़ अपने रफ़ीक-ए-हयात
का एतमाद निभाया है

बज़्म-ए-जानाना में पलकों में नमी छुपाए हम
मुस्कुराते रहे,
तनहाई में अपने शबिस्ताँ के हमने बिछोने को अश्कों
से भिगोया है

इश्क़ क्या माँगता है।

इश्क़ सिर्फ़ अपने महबूब का एतमाद नहीं माँगता,
अपने लिए एहतेराम भी माँगता है।

इश्क़ सिर्फ़ बे-सब्र होना नहीं, पुर-सुकून होना भी
सिखाता है।
वो अपने महबूब से उसका ऐतबार भी माँगता है।

इश्क़ ख़ामोशी के पीछे छुपे उस कैफ़ियत को जानता
है।
हर मुस्कराहट में छुपे उस दर्द को भी पहचानता है।

इश्क़ अपने महबूब से हुई हर ख़ता का ऐतराफ़ माँगता
है।
तो उसे दर-गुज़र कर आगे बढ़ना भी जानता है।

इश्क़ सिर्फ तुम्हे हस्सास नहीं बनाता, सुकून-ए-क़ल्ब
से भी नवाज़ता है।
अपने नफ़्स के मुकम्मल होने का भी एहसास
करवाता है।

आम बात!!

हँसते-हँसते आँखों से आँसू का झलक जाना, क्या यह
आम बात है?

अपनों की भीड़ में ख़ुद को तनहा महसूस करना, क्या
यह आम बात है?

चलते-चलते लड़खड़ा जाऊँ तो तुझे थामने के लिए
हाथ बढ़ाना, क्या यह आम बात है?

किसी चुटकुले पर तेरी खिलखिलाहट को सुनने के
लिए बेसब्र होना, क्या यह आम बात है?

एक मुश्किल भरे दिन के ख़त्म होते ही तेरी बाँहों में
सिमट जाने को बेचैन हो जाना, क्या यह आम बात
है?

नींद के आगोश में भी अपने पास तेरी मौजूदगी को
महसूस करना, क्या यह आम बात है?

सुबह के पहर तेरी ख़ुशबू का, माथे पर अपने तेरे गर्म
होठों का एहसास होना, क्या यह आम बात है?

कुछ भी तो आम नहीं है मेरी इस बेचैनी में, मेरी इस
बे-बसी में और मेरी इस बेख़याली में।

ना ही कुछ आम है मेरे इस टूटे दिल की ख़लिश में,
मेरे शबिस्ताँ के खालीपन में, और मेरी रूह के
अधूरेपन में।

तुझसे अब भी हमें मोहब्बत है ना यह आम बात है,
हमें अब भी तेरा इंतज़ार है ना यह आम बात है।

बीच का तिफ़ल

हर घर में बीच का तिफ़ल होना इतना मुश्किल क्यों
होता है।
सारे घर की ज़िम्मेदारी का भार उसके सर क्यों होता
है।

बड़ों से समझदारी का सबक़ सिर्फ़ उसके लिए क्यों
होता है।
छोटो की तीमारदारी का ज़िम्मा भी उसके ही नज़र
क्यों होता है।

मचने वाले हर शोर-गुल में कसूर सिर्फ़ उसका क्यों
होता है।
अम्मी-अब्बू की डाँट-डपट भी उसके ही साझे क्यों
आता है।

समझदार बनो, बड़े हो, कह कहकर हर बार उसका ही
हक़ क्यों छीना जाता है।

आख़िर बीच का तिफ़ल होना इतना मुश्किल क्यों
होता है।

सरमाया!!

मेरे अपनों ने मुझसे पूछा क्या कमाया है मैंने
सरमाया

यह अहमक़ लोग क्या जाने, हमने सरमाया से भी
बेशक़ीमती बहुत कुछ है कमाया

अपनी वाल्दैन की ख़िदमत कर, हमारे दिल को
चैन और सुकून है जो आया

अनजान लोगों की दुआओं में अपनी आफ़ियत की
दुआ का ज़िक्र हैं हमने पाया

आख़िरत का ख़ौफ़ नहीं है, हमने तो सिर्फ़ इंसान
होने का फ़र्ज़ है निभाया

सरमाया तो हर कोई कमा लेता है, हमने तो अपने
लिए लोगों का एहतेराम है कमाया

बे-हिस्स इंसान

ऐ इंसान तू इतना बे-हिस्स क्यों है हो गया,
क्या ज़मीर भी तेरा है सो गया।

अव्वल आने की दौड़ में तू क्यों अपनों को
पीछे छोड़ आया।

अहम के गुरूर में कितनो के दिल तू है
तोड़ आया।

जिन माँ-बाप ने तुझे उँगली पकड़कर
चलना है सिखाया, ख़ुद-मुख़्तार है बनाया।

आज तू उन्हें भी ज़िंदगी के आक़िबत में,
वामांदा है छोड़ आया।

तूने कमाया है जो सरमाया, क्या तेरी
आख़िरत में काम यह आएगा।

इस दुनिया में तू फ़क़त आया था, वफ़ात की
राह पर भी तू फ़क़त ही जाएगा।

पहली मुलाक़ात

उस गुलशन की पहली मुलाक़ात याद है मुझे,
तुझसे की हर एक बात याद है मुझे।

कहाँ तो नहीं था तुम ने बहुत कुछ, फिर भी
तेरी आँखों से बयां हुआ हर एक एहसास याद है मुझे।

रिमझिम बारिश की गिरती बूंदे और सर्द शाम,
उस शाम की हर दक़ीक़ तफ़्सीलात याद है मुझे।

मेरा लड़खड़ाना और तेरा मुझे थामना,
उस एक लम्हें में ख़ुद को भूल जाना याद है मुझे।

थम सा गया था आस-पास का मंज़र,
सुनाई देती हम दोनों के दिल की धड़कनों की
तेज़ रफ़्तार याद है मुझे।

अधूरापन

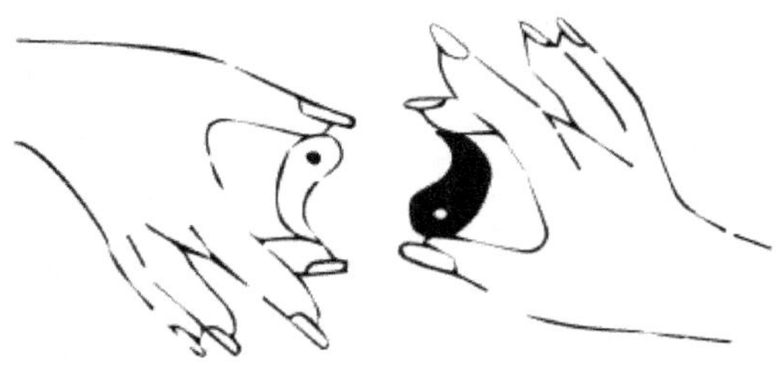

अधूरे रह गए मेरे सारे ख़्वाब, और मेरी कुछ ख़्वाहिशें
मेरी हर उड़ान को कैद कर गई हस्ब-ए-दस्तूर की
बंदिशे

ता-उम्र इस जद्दोजहद में गुज़ार दी, की पूरी कर पाऊँ
सबकी फ़रमाइशे
इल्म भी नहीं मेरे किसी रफ़िक को, कितनी गुज़री है
मुझ पर आज़माइशे

राह-ए-उल्फ़त पर भी ना मिली कोई मुकम्मल
मोहब्बत
मेरे साझे आई तो सिर्फ़ तनहाई और एक अधूरी चाहत

मेरा यह अधूरापन, ज़िंदगी का ख़ालीपन बन गई है
मेरी किस्मत की लकीरें
उस रब से क्या शिकायत करूँ, जो ख़ुद लेता है
इम्तिहान मेरा देकर यह अज़िय्यते

इस हयात-ए-ख़िज़र में क्या कभी ख़त्म होगा यह मेरा
खालीपन
क्या नाज़ यूँ ही फ़ना हो जाएगी लेकर फ़क़त यह
अधूरापन

अफ़साना हमारी मोहब्बत का

तुम्हारे दिए हर एक ज़ख़्म के दर्द को अश्कों में बहा
देंगे
आँखों से गिरते हर एक अश्क अपनी हँसी में छुपा
लेंगे।

तुम्हारी हर बे-रुख़ी को दिल में बसा लेंगे,
दिल से निकली हर आह को दिल में ही दबा देंगे।

इस दिल की हर धड़कन पर नाम तुम्हारा होगा,
मेरी हर साँस में भी एहसास सिर्फ़ तुम्हारा होगा।

जब भी उठेंगे दुआ में हाथ हमारे, उन दुआओं में
ज़िक्र भी सिर्फ़ तुम्हारी आफ़ियत का होगा।।

जब भी अफ़साना हमारी मोहब्बत का सुनाया जाएगा,
वादा है तुमसे मेरे महबूब, नाम तुम्हारा अदब से
लिया जाएगा।

काश! कि तुम लौट आओ!

काश! कि तुम लौट आओ!

नहीं होता है अब यह झूठ का मुखौटा ओढ़ना।
छुपाकर पलकों में नमी, सबके सामने मुस्कुराना।

दिन तो फिर भी गुज़र जाता है, पर रात के उस
तनहा पहर में यह दिल सिहर सा जाता है।

मेरे शबिस्ताँ की ख़ामोशी, और बिस्तर का खालीपन
तुम्हारे ना होने का एहसास दिलाता है।

काश! कि तुम लौट आओ!

काश कि तुम लौट आओ, तो हम ज़िंदगी से कुछ
और हसीं पल चुरा लें।

तुम फिर से हमें अलविदा कहो, इस से पहले ख़ुद
हम अपनी हस्ती मिटा दें।

मेरे अज़ीज़ दोस्त

ऐ मेरे अज़ीज़ दोस्त कहाँ गुम हो गया है तू,
दस्तूर-ए-ज़माने में कहाँ खो गया है तू।

कभी तो अपनी ख़ैरियत की चिठ्ठी भेज देता तू,
बस हुआ देख अब तेरा यह मसरूफ़ियत का बहाना।

क्या कभी नहीं याद आता तुझे वो भूला ज़माना,
एक दूसरे की खामियाँ और गलतियाँ गिनवाना।

शिकायतें थी, कोई गिला था तो कह देता तू,
क्या रास आया तुझे यूँ रूठ कर रुसवा हो जाना।

मेरे यारा अब बस भी कर यह नाराज़गी और लौट आ,
बड़ा याद आता है तेरे साथ गुज़ारा वो ज़माना।

पाँच सालों का फ़साना

उन पाँच सालों का क्या फ़साना कहें यारों,
हर एक गुज़रा साल सुहाना था यारों।

आज भी लगता है कल ही की तो बात है,
जब हम सब मिलें थे और कहलाये 99 की टोली।

याद है, वो anatomy की पहली class,
जहाँ हुआ था हमारा त'आरूफ़ एक दूसरे के साथ।

पहले साल की हिचकिचाहट से लेकर,
हर एहमकाना बात पर की गयी खिखिलाहट तक।

पहली बार की गई ख़िलाफ़त से लेकर,
बुलंद आवाज़ में की बगावत तक।

उन पाँच सालों का क्या फ़साना कहें यारों,
हर एक गुज़रा साल सुहाना था यारों।

कहीं बने "दिल चाहता है" वाले दोस्त,

तो कहीं चली "मोहब्बतें" वाली हवाएँ।

कहीं था रूठने-मनाने का सिलसिला,
तो कहीं आशिकी का मंज़र नज़र आया।

कभी एक दूसरे से लड़े, तो कहीं एक दूजे के लिए।
कभी यारों के लिए तंज़ किया, तो कभी यारी के लिए।

उन पाँच सालों का क्या फ़साना कहें यारों,
हर एक गुज़रा साल सुहाना था यारों।

देर रात तक auditorium में वक़्त बिताना,
वो तो था यारों के साथ रहने का एक बहाना।

Seniors की डाँट से बचने के लिए किसी एक का
वो झूठ-मूठ का बेहोंश हो जाना।

आज भी याद आता है होली में किया वो शोर-गुल,
Bucket में पानी ना भरके रखने की वो भूल।

Exam Time की वो देर रात की तंदूरी चिकन और
बिर्यानी पार्टी, याद आए तो आज भी आता है मुँह
में पानी।

उन पाँच सालों का क्या फ़साना कहें यारों,
हर एक गुज़रा साल सुहाना था यारों।

हर एक गुज़रा साल अपना ही अफ़साना सुना
जाता है यारों।

यादों के पिटारे में जो एहसास छुपे हैं, लफ़्ज़ों में
बयाँ करना मुमकिन नहीं यारों।

चलो! वक़्त के पहिये को मोड़ लेते हैं, वो पाँच साल
एक बार फिर जी लेते हैं।

उन सारी यादों को एक बार फिर बटोर लेते हैं,
हमारी यारी का अफ़साना फिर लिख लेते हैं।

उन पाँच सालों का क्या फ़साना कहें यारों,
हर एक गुज़रा साल सुहाना था यारों।

तनहा

आईने में झाँक रहे मेरे अक्स ने पूछा,
क्यों इतनी तनहा है तू
क्या तुझे इल्म है, क्यों तेरे अपने तुझसे
रूठे हैं?

ता-उम्र गुज़ार दी जिनकी तीमारदारी में
तुमने,
क्यों वो तेरे शफ़ीक़ तुझसे रुस्वा बैठे हैं?

क्या कोई हस्सास है यह जान के, कितनी
गुज़री है तुझ पर अज़िय्यतें।
क्यों बे-हिस्स बैठे हैं वो, जान कर भी तेरी
तकलीफें।

तू ने तो कर दिया सदक़ा अपने सारे ख़्वाबों
ख़्वाहिशों का,
क्या करता है कोई एहतेराम तेरी इस क़ुर्बानी
का?

राह-ए-उल्फ़त

ऐसी कोई राह-ए-उल्फ़त नहीं मिली,
जो मेरे महबूब से मुझे मिलवा सके।

ऐसी कोई दवा नहीं है बनी,
जो इस दर्द-ए-दिल को मिटा सके।
ऐसा कोई नुस्ख़ा बना नहीं, जो इस
दिल में पड़े दर्ज़ को राहत दे सके।

जब भी तवक्को की उनसे मिलने की,
पूरी कायनात ने साज़िश कर रोका मुझे।
वजह कभी दस्तूर-ए-ज़माना था,
तो कभी रिश्तों का ताना-बाना था।

बहुत कोशिश की मैंने अपनी तक़दीर
से मुख़ालिफत करने की,
अपनी मोहब्बत को रुस्वा करने के
ख़ौफ़ ने रोका मुझे।

आज राह-ए-हयात के इस मोड़ पर
तनहा खड़े हैं हम,
वो तो आगे बढ़ गए, फिर कभी पीछे
मुड़कर नहीं देखा मुझे।

हक़

तुमने तो हक़ जता दिया मेरी ख़ामोशी की वजह
पूछकर,
अपना फ़र्ज़ भी निभा लिया मुझे खयाल रखने का कह
कर

क्या यह काफ़ी था?

दो पल रुक जाते तो जान लिया होता,
तुम्हे सुनाई जो नहीं दी गयी उन सिसकियों ने मुझे
था ख़ामोश रखा

मेरी झुकी पलकों पर गौर फ़रमाते तो जान जाते,
कितनी मुश्किल से मैंने अपने आँसूओं को था रोके
रखा

मेरा ख़ुद मैं होना।

क्यों मेरा एक अच्छी बेटी, एक अच्छी बहन, एक
अच्छी बीवी, एक अच्छी माँ, एक अच्छी औरत, एक
अच्छी इंसान होना काफ़ी नहीं है।
क्यों मेरा ख़ुद मैं होना काफ़ी नहीं है।

क्यों हर कदम पर मुझे आज़माइशों से गुज़रना
पड़ता है,
क्यों हर बार ख़ुद के लिए मुझे तस्दीक़ करनी पड़ती
है।

क्यों ख़्वाबों-ख़्वाहिशों और फ़र्ज में किसी एक को
चुनना पड़ता है।
क्यों अपने सपनों की उड़ान को हस्ब-ए-रिवाज़ की
बेड़ियों में कैद करना पड़ता है।

क्यों शरीक-ए-हयात के लिए अपने मायके का
आँगन छोड़ना पड़ता है।
क्यों इज़्दिवाजी क़िताब के लिए अपनी शख़्सियत
को खोना पड़ता है।

इक्कीसवीं सदी में जहाँ हम जिंस की मुसावात की
बात करते है,
क्यों फिर गृहस्ती के फ़र्ज और ख़ानदान की रिवायते
निभाने के लिए मुझे अपना वजूद मिटाना पड़ता है।

क्यों अपनी सिसकियों को मुझे शबिस्ताँ की तनहाई
में भी तकिये में दबोचना पड़ता है।
क्यों उन दर्द भरी चीखों को भी अपने सीने में दबाए
रखना पड़ता है।

क्यों मेरा खुद मैं होना काफ़ी नहीं है।
क्यों मेरा एक अच्छा इंसान होना काफ़ी नहीं है।

अलविदा

अलविदा कहना बड़ा मुरक्कब एहसास होता है।

कुछ अपने अज़ीज़ो से दूर जाने का गम होता है,
तो कहीं थोड़ी-बहुत नए सफ़र के लिए तशवीश होती
है।

एक तरफ हिर्फ़त में बरसों मेहनत कर हासिल की
महारत है,
वहीं दूसरी ओर नया हुनर सीखने के लिए नई राह हुई
उजागर है।

इत्मीनान से समेट लेना अपनी यादों का पिटारा,
थोड़ा मुश्किल होगा सभी यादों को इस में यूँ सहेज
लेना।

धुंधला जाए नज़र तो तुम ना घबरा जाना, इस नमी
को तो था ही आँखों का साथ निभाना।

यहाँ हर किसी के दिल पर तुमने एक गहरी छाप है
छोड़ी,
रहनुमाई और तालीम ने तुम्हारी हर तालिब-ए-इल्म
के लिए कामयाबी की राह है तराशी।

यह अलविदा कहना तो बस एक तक्कलुफ़ी रिवायत
है,
हयात-ए-ख़िज़र के लिए हमें तो रस्म-ओ-राह और
यारी निभानी है।

ए'तिराफ़

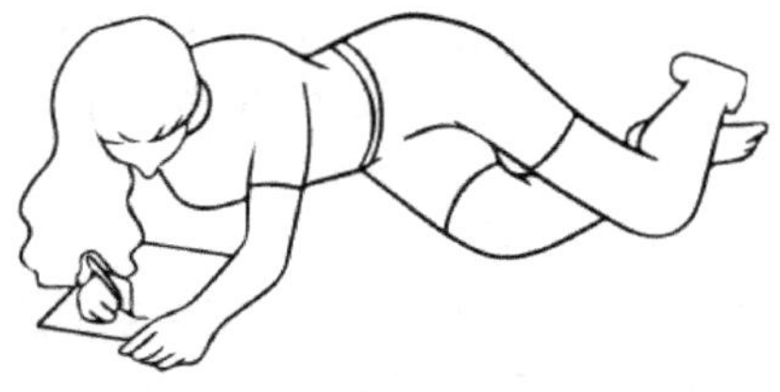

अच्छा सुनो! आज मुझे कुछ ए'तिराफ़ करना है।
मुझे तुमसे अब भी क्यों इतनी मोहब्बत है,
वो राज़ बताना है।

मुझे तुमसे अब भी मोहब्बत इसलिए नहीं, की तुम
मेरी पहली मोहब्बत हो।
और इसलिए भी नहीं, की तुम मेरी ज़िद या आदत
हो।

तुम वो पहले शख़्स थे, जिसने मुझे मेरे लिए चाहा
था।
मुझे मेरी खुशियों से और ख़ुद से रूबरू करवाया था।

तुमने शक्ल-ओ-सूरत से नहीं, मेरी सीरत से प्यार
किया था।
किसी उम्मीद या कोई शर्त रखे बग़ैर मेरा हाथ थामा
था।

तुमने इजाज़त लेकर मेरे होठों को चूमा था,
मेरे तन से पहले मेरी रूह को तुमने छुआ था।

मेरे हर एक दर्द और तकलीफ़ के लिए हस्सास थे तुम,
मेरी हर मुस्कुराहट का सबब होते थे तुम।

बाहों मे तुम्हारी पहली बार मेरे दिल को सुकून था
आया, कोई मेरा अपना है, यह कहने का हक़ था मैंने
पाया।

मुझे अब भी तुमसे मोहब्बत है सिर्फ़ इसलिए, कि
मेरी पहली और आख़िरी फ़क़त मोहब्बत हो तुम।

ज़िद या आदत नहीं, ख़ुदा से मिली सौग़ात हो तुम,
मुद्दत से कर रही हूँ जो, वो मेरी इबादत हो तुम।